"ME RETRATO A MÍ [illegible]
MUCHO TIEMPO SOL[illegible] SOY EL
MOTIVO QUE MEJOR CONOZCO."

Frida Kahlo

DESCUBRIENDO EL MÁGICO MUNDO DE

FRIDA

Textos de Maria J. Jordà
Actividades pedagógicas de Carles Torrent Pagès

Documentación: Olga Mias **Diseño:** Bis] **D.L.:** B-46510-XLVIII

PEQUEÑA BIOGRAFÍA DE FRIDA KAHLO

Frida a los 4 años, 1911

Hola, soy Frida Kahlo, la artista mexicana que pinta autorretratos. ¿Sabéis que de joven quería ser médico? ¿Y sabéis que me casé dos veces con la misma persona? Leed con atención y descubriréis cómo me convertí en una gran pintora: ¡un montón de historias y anécdotas os esperan!

Nací el 6 de julio de 1907, en la Casa Azul de Coyoacán, un pequeño pueblo situado en las afueras de Ciudad de México. Me llamaron Magdalena Carmen Frieda Kahlo Calderón, y fui la tercera de cuatro hermanas: Matilde, Adriana y Cristina.
Mi padre, Wilhem Kahlo, había llegado a México a los diecinueve años procedente de Alemania. Enseguida se cambió el nombre por su homónimo español, Guillermo. Era fotógrafo de profesión, y muy aficionado a la pintura. Lo recuerdo como una persona trabajadora, afectuosa y comprensiva... ¡yo lo adoraba! A menudo salíamos a pasear juntos y él me enseñaba a pintar y a utilizar la cámara fotográfica. Hablábamos de mis inquietudes, y yo le confiaba todos mis secretos. Mi madre, Matilde Calderón, era muy simpática e inteligente, pero también muy calculadora y fanáticamente religiosa. Discutíamos a menudo.

Yo era una niña muy activa, extrovertida y bastante pícara. Pero a los seis años sufrí poliomielitis, una enfermedad que debilita la musculatura de todo el cuerpo y que me dejó una pierna más corta y delgada que la otra. La recuperación duró nueve meses. Mi padre me animaba todos los días a hacer los ejercicios, y gracias a él, a su paciencia y a la fe que tenía en mí, recuperé la movilidad. Pero volver a la escuela fue muy duro: los niños se burlaban de mí y me llamaban "Frida la coja". Me sentía muy sola y creé mi propio mundo de fantasía. Me inventé una amiga imaginaria, una niña de mi edad que me acompañaba a todas partes: ella siempre me escuchaba y me aceptaba tal como era. ¡Me ayudó mucho!

Retrato familiar con Frida Kahlo, 1928

Una vez superado el trauma, me convertí en una auténtica deportista, jugaba al fútbol y practicaba la lucha y la natación. ¡Aquel espíritu de superación sorprendió a mi familia y a mis amigos!

A pesar de todo eso, tuve una infancia feliz. Recuerdo especialmente el enorme patio que teníamos en casa: ¡era un sitio fantástico! Me pasaba horas jugando con mi hermana Cristina en ese patio. Aquella casa, de un solo piso y con grandes ventanales, se llamaba la Casa Azul por el color de sus paredes. Fue mi refugio durante toda mi vida: regresaba allí siempre que me sentía sola y triste.

Casa Azul de Coyoacán

En 1910 estalló la Revolución en México. ¡Duró diez años! En 1920, con el cambio de régimen, la situación económica en casa cambió. Mi padre perdió el trabajo y, para seguir adelante, tuvimos que vender algunos muebles, alquilar habitaciones y, finalmente, hipotecar la casa. Mi padre se derrumbó y mi madre se convirtió en el motor de la casa. Ella siempre decía que no sabía leer ni escribir, pero contar el dinero sí que sabía.

En cuanto a la escuela, yo era una buena estudiante. Después de aprobar la primaria en el Colegio Alemán de México, decidí ¡que quería ser médico! Y así, a los quince años me matriculé en la Escuela Nacional Preparatoria, considerada la mejor del país. Como era inteligente, me dejaron estudiar, a pesar de que en aquella época no era muy habitual. De los dos mil alumnos que estaban matriculados, ¡solamente había treinta y cinco chicas! Mi madre estaba un poco escandalizada.
Allí fue donde conocí a los "Cachuchas", un grupo de jóvenes intelectuales que se reunían en la biblioteca para estudiar y discutir sobre política y arte. Aquellos temas me interesaban, y me gustaba reunirme con ellos, sobre todo cuando me enamoré del líder del grupo: Alejandro Gómez Arias.

Pero a los dieciocho años sufrí un grave accidente que cambió el curso de mi vida. La recuperación fue muy larga y ¿queréis saber qué pasó después? Os invito a que os adentréis en esta pequeña galería que seguramente os ayudará a conocer y entender el mágico mundo de Frida Kahlo.

Autorretrato, 1933

AUTORRETRATO CON TRAJE DE TERCIOPELO, 1926.

Óleo sobre tela (79,7 x 60 cm). Legado de Alejandro Gómez Arias, Ciudad de México (México)

Ya desde pequeña me gustaba dibujar. Mi padre, como era muy aficionado a la pintura, tenía una gran caja de óleos y pinceles en un rincón de su estudio fotográfico. A menudo, cuando salíamos a pasear, él plantaba su caballete en la orilla del río y pintaba algún paisaje del pueblo de Coyoacán. Yo lo observaba fascinada. A los quince años empecé a ir a clases de dibujo. Se podría decir que el arte me interesaba, pero yo tenía un sueño: ¡convertirme en una gran médico!

Retrato de Guillermo Kahlo, 1951

El 17 de septiembre de 1925, un accidente cambió mi vida. Mientras regresaba a casa, el autobús en el que viajaba chocó contra un tranvía. Quedé gravemente herida. Tenía fracturas por todo el cuerpo: en la columna, en las piernas... Pasé un mes en el hospital y más de un año en casa, tumbada en la cama sin poder moverme. Para distraerme y olvidar el dolor, mi padre me dio su caja de pinturas. Mi madre encargó un caballete adaptado a la cama para que pudiera pintar tumbada. Acto seguido, colgaron un enorme espejo en el techo. Y así, tumbada en la cama, contemplando mi imagen todos los días, comencé a pintar los autorretratos.

AHORA OBSERVA Y BUSCA:

? **¿Sabes a quién regalé este cuadro?** Fue un obsequio para mi amigo Alejandro Gómez Arias. Salíamos juntos antes del accidente, pero poco después él me dejó. Yo aún estaba enamorada, y con este regalo intentaba recuperarlo.

? A principios de siglo, la pintura mexicana tenía muchas influencias del arte europeo. Fíjate en mi postura: elegante y aristocrática, y con el cuello alargado expresamente, imitaba el estilo del artista italiano Amadeo Modigliani.

? Este fue uno de los primeros autoretratos que hice y lo pinté tumbada en la cama

? **¿Has visto las olas que hay detrás de mi figura?** Para mí, el mar era símbolo de vida.

CURIOSIDADES

Frida pintaba muy despacio, con mucho esmero y cuidando todos los detalles. No se exigía ninguna prisa, y podía tardar meses en acabar un cuadro. Cada pincelada requería toda su atención. A lo largo de su vida pintó unos 200 cuadros, de los cuales 55 son autorretratos. El más caro lo vendió por 300 dólares.

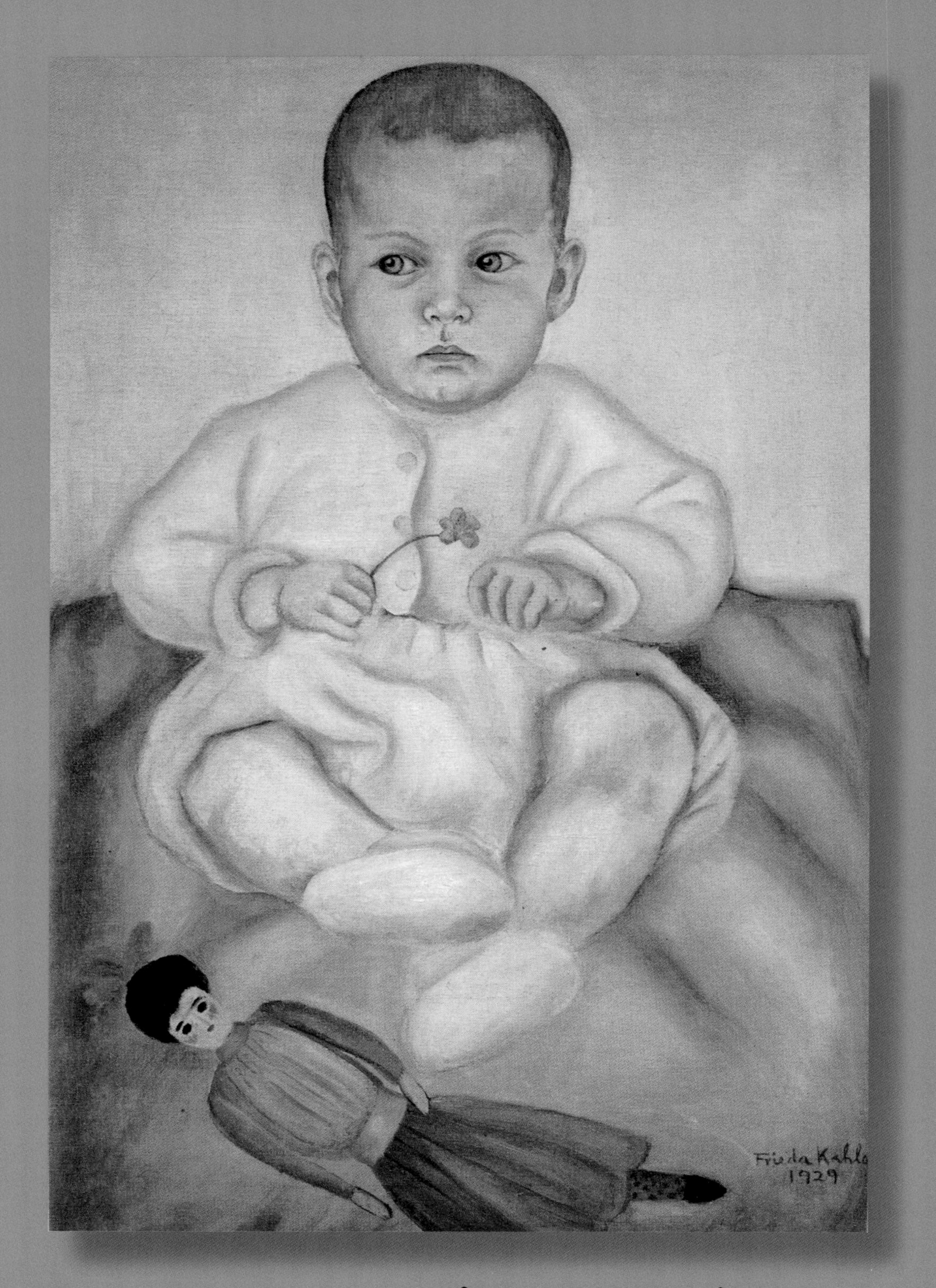

RETRATO DE ISOLDA PINEDO KAHLO, 1929.

Óleo sobre tela (75 x 55 cm). Colección particular

Me vi obligada a abandonar los estudios, porque la recuperación del accidente fue muy larga. Pintar me distraía y llenaba mi soledad. A veces me desanimaba. ¡Un día hasta estuve a punto de destruir todos mis cuadros! Sin embargo, con el tiempo, la pintura se convirtió en una amiga inseparable y dio sentido a mi vida. Entonces decidí que ¡quería ser pintora!

Cuando ya estaba recuperada del todo, tomé algunas de mis obras y fui a visitar a un célebre pintor mexicano, Diego Rivera, por el cual sentía una gran admiración. Yo quería una opinión seria y sincera sobre mi pintura. Cuando Diego vio los cuadros, enseguida se interesó por ellos, de manera que lo invité a casa para que viera el resto. El domingo siguiente vino, ¡y se quedó impresionado! Según él, mis obras eran muy expresivas. Recuerdo mi alegría cuando me dijo: "Es evidente que tengo delante de mí a una verdadera artista".

Retrato de Diego Rivera, 1937

AHORA OBSERVA Y BUSCA:

¿Sabes quién es esta niña? Mi sobrina. Isolda es la hija de mi hermana Cristina, un año más pequeña que yo.

¿Qué tiene Isolda en la mano?

¿Qué tiene delante de ella? En los cuadros, a menudo pintaba muñecas como símbolo de mi amor por los niños.

Fíjate en los colores suaves que utilicé para pintar este cuadro. Están difuminados y así las pinceladas apenas se notan. Me gustaba buscar la apariencia real de las cosas.

¿Has encontrado mi firma? "Frieda" es la versión alemana de mi nombre. Lo utilicé durante los primeros años de mi carrera como pintora.

CURIOSIDADES: Frida era una persona muy alegre y divertida. Tenía un gran sentido del humor: le encantaba contar chistes, pero sobre todo historias inventadas. Le gustaba bailar y estar rodeada de gente. Cuando se sentía sola, pedía a sus amigos que la fueran a ver. Era una persona honesta y humilde que trataba a las sirvientas como si fueran de la familia.

EL CAMIÓN, 1929.

Óleo sobre metal (25,8 x 55,5 cm). Colección particular

Diego me animó a seguir pintando. Sus visitas a la Casa Azul eran cada vez más frecuentes. Lentamente fue surgiendo entre nosotros una gran amistad y una admiración mutua.
Y el 21 de agosto de 1929, un año después de aquel primer encuentro, ¡Diego y yo nos casamos! ¡Estaba tan enamorada! A su lado me sentía muy bien: era simpático y cariñoso, tenía un carácter fuerte y una gran vitalidad.
A mi madre no le gustó nada que me casara con él. Decía que estaba muy gordo, que no era católico y, sobre todo, que era demasiado viejo para mí: ¡tenía veintiún años más que yo! Mi padre, en cambio, lo veía de otra manera. Él sabía que por culpa de mi enfermedad y del accidente que sufrí después, yo necesitaría tratamientos médicos, y que Diego Rivera me los podría pagar, pues tenía fama de rico y generoso.

Diego Rivera y Frida Kahlo, 1929

AHORA OBSERVA Y BUSCA:

¿Qué personajes ves en esta obra? Un ama de casa, un obrero, una mujer india que da el pecho a su bebé, un niño, un burgués y una chica que se parece mucho a mí.

¿Dónde están sentados? En el asiento de un autobús que va del campo a la ciudad.

¿Qué tiene el obrero en las manos? ¿Y el burgués? El obrero una herramienta de trabajo y el burgués una bolsa de monedas.

Aquí represento una escena cotidiana en la que coinciden personas de diferentes clases sociales. Quería plasmar la realidad del día a día.

¿Sabrías encontrar una corbata, dos chimeneas que echan humo y unos pies desnudos?

CURIOSIDADES: A menudo Frida pintaba en sus cuadros animales típicos de su país: micos, perros itzcuintli, ciervos y papagayos. Animales que ella tenía como mascotas y que salen en sus cuadros como compañeros de su soledad. Su mico favorito se llamaba *Fulang Chang*, y su perro *Señor Xolotl*.

Autorretrato con mono, 1938 ›

EL TIEMPO VUELA, 1929.

Óleo sobre fibra dura (86 x 68 cm). Colección particular

Frida vestida de Tehuana.

Diego era famoso por sus grandes murales, en los que representaba al pueblo mexicano y sus tradiciones, una tendencia que recibía el nombre de mexicanismo y que intentaba fomentar el arte popular del país. Yo también creía que era preciso recuperar esta cultura. Me identificaba con la población india, por eso comencé a llevar los vestidos típicos de las indias de Tehuantepec, una región al sudoeste del país en la que imperaba el dominio de la mujer. Esta indumentaria consistía en vestidos y faldas largas de colores llamativos, enormes collares de piedras de jade, peinados con lazos y trenzas y pendientes muy vistosos ¡A Diego le encantaban aquellos vestidos tan alegres!

Yo era una chica más bien tímida, y muy reservada con mi trabajo. Por este motivo, durante muchos años no enseñé mis cuadros a nadie, sólo a Diego. ¡Él siempre me animaba! Le gustaba decir a todo el mundo que yo pintaba mejor que él. Fue Diego quien dio a conocer mi obra.

AHORA OBSERVA Y BUSCA:

? Fíjate en la diferencia de estilo entre este retrato y el primero que hice en 1926: la influencia del arte europeo (expresión elegante, traje de terciopelo) es sustituida por la del arte mexicano (mirada frontal y una blusa sencilla de algodón típica de México).

? **¿Qué ves detrás de mi figura?** Una cortina, un balcón, un avión de hélice y un reloj encima de una columna. Esta cortina sujeta con una cuerda es un elemento típico del arte popular mexicano muy habitual en los retratos del siglo XIX.

? **¿Qué crees que representa el reloj? ¿Y el avión?** Tal como indica el título de la obra, el tiempo (reloj) pasa volando (avión).

? **¿Qué crees que expresa mi rostro?** Pocas veces mis autorretratos expresan emociones o sentimientos. Lo más característico son mis cejas, que se juntan encima de mi nariz y parecen las alas extendidas de un pájaro.

CURIOSIDADES: Desde joven, a Frida le gustaba vestirse de chico: pelo corto, botas, chaqueta de cuero y pantalones que le servían para esconder su defecto físico. Cuando conoció a Diego, Frida sustituyó los pantalones por faldas largas y vestidos indios que también escondían del todo su pierna más corta. Con esta indumentaria, transmitía una gran seguridad y lograba un aspecto exótico que mucha gente admiraba.

Autorretrato con el pelo cortado, 1940

FRIEDA KAHLO Y DIEGO RIVERA, 1931.

Óleo sobre tela (100 x 79 cm). Museum of Modern Art, San Francisco (Estados Unidos)

En noviembre de 1930, Diego y yo nos trasladamos a Estados Unidos. A Diego le habían encargado tres grandes murales: en San Francisco, Detroit y Nueva York. Mientras él pintaba, yo visitaba museos y daba largos paseos por la ciudad.
La aventura en Estados Unidos duró cuatro años. Durante este período, también pasé muchas horas detrás del caballete, pintando cuadros de pequeño tamaño. Intentaba reflejar la realidad tal como la sentía, y no tal como era. Pero aún no me atrevía a presentarme en público como artista, me faltaba seguridad y confianza en mí misma. Tampoco me atrevía a pedir dinero por mis cuadros, y por eso solía regalarlos a la familia y a los amigos.

AHORA OBSERVA Y BUSCA:

? Este cuadro recuerda los retratos mexicanos de los siglos XVIII y XIX, sobre todo por la cinta, muy típica de aquella época. Tomé como modelo la única fotografía que tenía de nuestra boda.

? **¿Cuántos pinceles tiene Diego? ¿Cuántos botones tiene su camisa? ¿Cuántos collares llevo?**

? **Te has fijado en la diferencia de estatura entre Diego y yo?**
Me sentía muy pequeña a su lado. Él, el gran pintor, tan seguro de sí mismo, y yo, con la cabeza inclinada, dándole la mano tímidamente, me presento como la mujer del artista.

? Un pájaro sujeta una cinta: "Aquí nos veis a mí, Frieda Kahlo, con mi amado esposo Diego Rivera, pinté estos retratos en la bella ciudad de San Francisco, California, para nuestro amigo Albert Bender, y fue en el mes de abril del año 1931". Albert Bender era un coleccionista de arte, amigo nuestro que nos ayudó a obtener el permiso de residencia en Estados Unidos. Le regalé el cuadro como muestra de gratitud.

CURIOSIDADES

En 1942, Frida Kahlo comienza a escribir su diario. Con letra clara y tinta de colores brillantes, cuenta anécdotas de su infancia y juventud, de su amor por Diego, del sufrimiento físico, de su soledad y, sobre todo, de su amor por la vida. Es, sin duda alguna, un testimonio esencial para entender su manera de pensar y de sentir.

Diario de Frida, 1953

AUTORRETRATO EN LA FRONTERA ENTRE MÉXICO Y LOS ESTADOS UNIDOS, 1932.

Óleo sobre metal (31 x 35 cm). Colección particular

Residencia de San Angel

Ya habían pasado tres años desde nuestra boda, y yo quería tener un hijo. A Diego la idea no le entusiasmaba; ya había tenido dos niñas con su primera mujer. Fue en Detroit donde los médicos me confirmaron que debido al accidente no podría tener hijos. ¡Qué desilusión tuve! Estaba tan triste que me dediqué más que nunca a pintar. Era la mejor manera de expresar la pena que sentía. Añoraba mi país, y poco después, en 1933, regresamos a México. Nos instalamos en la nueva residencia de San Ángel, un pequeño pueblo situado en las afueras de Ciudad de México.
En aquella época tuve muchos problemas de salud que me impidieron pintar. Pero aquel sufrimiento reforzó mi carácter. Poco después expuse por primera vez en una galería de México con otros pintores.

AHORA OBSERVA Y BUSCA:

¿Cuántas banderas ves? Dos **¿De qué países son?** De México y Estados Unidos. Como si fuera una estatua encima de un pedestal, sujeto con una mano la bandera mexicana como símbolo de añoranza.

¿Qué ves detrás de mí? Mi figura divide el cuadro en dos partes: a mi derecha, el mundo mexicano lleno de historia, con esculturas aztecas y pirámides; y a la izquierda, el mundo estadounidense dominado por la técnica y el progreso. Yo vivía entre estos dos mundos tan opuestos.

¿Has encontrado la calavera? Simboliza el ciclo de la vida. El sol y la luna representan antiguos dioses mexicanos.

Fíjate en la fábrica de Estados Unidos. ¿Qué letras ves en las chimeneas? Se trata de la empresa Ford Motor Company, que habíamos visitado más de una vez porque Diego hacía allí los estudios para su mural *Hombre y máquina*.

CURIOSIDADES: La nueva residencia de San Ángel donde se instalaron Diego y Frida era de lo más particular y sorprendía a todo el mundo. Consistía en dos casas que se comunicaban a través de un puente: la de Frida era roja y la de Diego azul, y las dos estaban rodeadas por un seto de cactos. Cada una tenía su estudio y sus habitaciones. Eran muy prácticas y funcionales. Actualmente son el Museo Casa Estudio Diego Rivera y Frida Kahlo, y se consideran entre las diez mejores casas construidas durante el siglo XX.

MIS ABUELOS, MIS PADRES Y YO, 1936

Óleo y témpera sobre metal (30,7 x 34,5 cm).
Museum of Modern Art, Nueva York (Estados Unidos)

Mi obra no obedecía a ningún método académico. Había creado mi propio estilo en el que mezclaba la realidad y la fantasía. Algunos me consideraban surrealista, pero yo no pintaba mis sueños, sino mi realidad.

Frida con flores en el pelo, 1940

En el verano de 1938, Diego vendió cuatro de mis cuadros a un actor estadounidense por doscientos dólares cada uno. ¡Para mí aquello era una fortuna! Siempre había pintado para mí, intentando expresar mis sentimientos, y de repente descubrí que había personas a las que les gustaba mi pintura.

Mi trabajo comenzaba a despertar interés y, a finales de 1938, una célebre galería de Nueva York organizó una exposición individual de mi obra. Hicieron mucha publicidad, y mi llegada se convirtió en un acontecimiento social. La exposición fue un éxito: de los veinticinco cuadros, la mitad se vendieron, y también conseguí un gran número de encargos.

AHORA OBSERVA Y BUSCA:

? Este cuadro es la historia de mis orígenes: mis abuelos paternos, mis abuelos maternos, mis padres y yo en el patio de nuestra Casa Azul e, incluso, yo antes de nacer. **¿A quién crees que me parezco?**

? Para dibujar a mis padres tomé como modelo la fotografía de su boda.

? Mis abuelos paternos, Jakob Heinrich Kahlo y Henriette Kaufmann, eran judíos húngaros que habían emigrado a Alemania. Allí nació mi padre, Wilhem Kahlo, quien a los diecinueve años emigró a México. En el cuadro flotan por encima del mar, ya que vienen del otro lado del océano.

? Mis abuelos maternos, Isabel González y Antonio Calderón, eran mexicanos. Ella era de origen español y él de origen indio. Flotan por encima de las montañas mexicanas. Algo más abajo encontramos un nopal (cacto), la planta nacional de México.

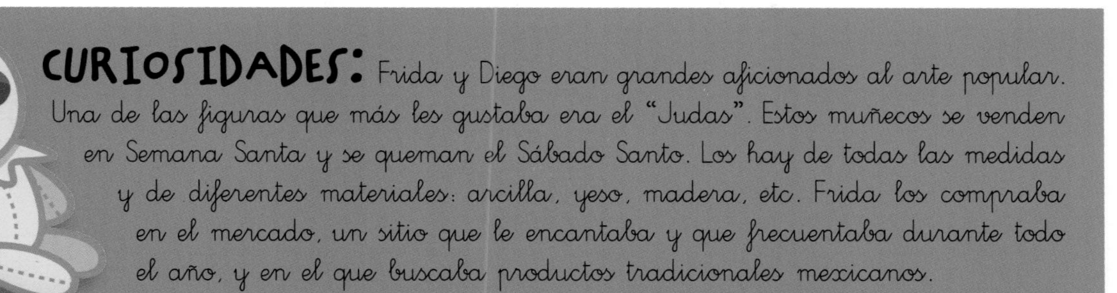

CURIOSIDADES: Frida y Diego eran grandes aficionados al arte popular. Una de las figuras que más les gustaba era el "Judas". Estos muñecos se venden en Semana Santa y se queman el Sábado Santo. Los hay de todas las medidas y de diferentes materiales: arcilla, yeso, madera, etc. Frida los compraba en el mercado, un sitio que le encantaba y que frecuentaba durante todo el año, y en el que buscaba productos tradicionales mexicanos.

AUTORRETRATO "THE FRAME", 1938.

Óleo sobre aluminio y vidrio (29 x 22 cm). Centro Georges Pompidou, París (Francia)

Frida Kahlo, 1939

Y de Estados Unidos me fui a París. Me invitaron a participar en una exposición sobre arte mexicano. Mientras se organizaban los preparativos me dediqué a pasear por las calles de aquella enorme ciudad. ¡Me fascinó!
Después de la exposición, muchas revistas y diarios destacaban mis calidades como pintora. Y, en poco tiempo, mi arte y mi nombre se difundieron por otros países. Pero en Europa la guerra ya era inminente, de manera que decidí rechazar la invitación de una galería de arte de Londres y regresar a México.
La vida con Diego no era nada fácil: nos queríamos mucho, pero no parábamos de discutir. Al final, en otoño de 1939, decidimos separarnos, y yo me instalé en la Casa Azul. Además, mi salud empeoró y mi hermana Cristina tuvo que ocuparse de mí. Yo estaba desolada, y la pintura fue mi consuelo: a través de los pinceles expresaba mi dolor, mi soledad y mi tristeza.

AHORA OBSERVA Y BUSCA:

¿Sabes quién compró este cuadro? Pues el Museo del Louvre durante mi estancia en París. Yo estaba muy orgullosa, porque era la primera obra de una artista mexicana del siglo XX que entraba en la colección del museo.

¿Has encontrado dos pájaros con las alas amarillas? ¿Cuántas flores rojas puedes contar? Fíjate en los colores que enmarcan mi cara: rojo, violeta, rosa, amarillo... Son mis colores preferidos.

Para crear este cuadro, utilicé una nueva técnica: mi retrato y el fondo azul están pintados encima de un panel de aluminio, mientras que el marco de flores y los dos pájaros están pintados encima de un cristal y colocados sobre el retrato.

Durante mi exposición en Nueva York (octubre de 1938), este cuadro fue reproducido en color por la prestigiosa revista francesa Vogue.

CURIOSIDADES: En París, Frida conoció a muchos artistas y causó una gran sensación entre ellos. La consideraban una mujer liberal e independiente, y una gran pintora. El mismo Picasso escribió estas palabras a Rivera: "Ni tú ni yo somos capaces de pintar una cara como las de Frida Kahlo". También la gran diseñadora Elsa Schiaparelli, impresionada por la forma de vestir de Frida, creó una versión de vestidos de tehuana para las damas de París.

ÁRBOL DE LA ESPERANZA, MANTENTE FIRME, 1946.

Óleo sobre fibra dura (55,9 x 40,6 cm). Colección particular

Pero Diego y yo no podíamos vivir el uno sin el otro, y un año después de separarnos decidimos volver a casarnos. Nuestra relación había cambiado: ahora yo era una pintora reconocida, había ganado seguridad en mí misma y, sobre todo, ¡independencia económica!
Fue una época de reconocimiento artístico. Todo el mundo se interesaba por mi obra: me dieron un premio, recibía ofertas para escribir en revistas, participaba en exposiciones colectivas en México y en Estados Unidos. ¡Estaba entusiasmada!

Diego y Frida, 1940

En 1943, me ofrecieron una plaza de profesora. Me gustaba mucho enseñar, pero al cabo de un año mi salud empeoró. El dolor de espalda era tan fuerte que apenas podía llegar hasta la escuela. Finalmente me operaron. Y durante mi recuperación en el hospital, pinté la obra que observais.

AHORA OBSERVA Y BUSCA:

? **¿Has encontrado el sol y la luna en este cuadro?** Fíjate que está dividido en dos mitades: una de día y la otra de noche. A la izquierda, una Frida acabada de operar y debilitada por el dolor; a la derecha, la Frida valiente y llena de esperanza que mira al futuro. Simboliza mi lucha constante entre el dolor y la esperanza.

? Este principio dual, presente en muchos de mis cuadros, proviene de la antigua mitología mexicana. Según las tradiciones aztecas, el dios del sol y del día, Huitzilopochtli, mantiene una guerra permanente contra el dios de la noche, Tezcatlipoca. Esta lucha garantiza el equilibrio del mundo.

? **¿Qué tengo en las manos?** Con la izquierda sujeto una faja de cuero que utilizaba para mantener la espalda recta; y con la otra, una banderola con la frase: "Árbol de la esperanza, mantente firme", sacada de una de mis canciones favoritas y que me servía para darme ánimos.

CURIOSIDADES: Los alumnos de Frida la recuerdan como una profesora excepcional. Ella no enseñaba reglas ni estilos, sólo quería estimular la creatividad de aquellos jóvenes. Les hacía salir a la calle para observar la belleza que les rodeaba. Acto seguido, les decía: "Dibujen lo que sientan". Pero por motivos de salud, Frida tuvo que continuar con las clases desde su casa. Unos doce alumnos se desplazaban todos los días hasta la Casa Azul, pero con el tiempo sólo quedaron cuatro, y que luego fueron conocidos como los "Fridos".

SANDÍAS "VIVA LA VIDA", 1954.

Óleo sobre masonita (72 x 52 cm). Museo Frida Kahlo. Ciudad de México (México)

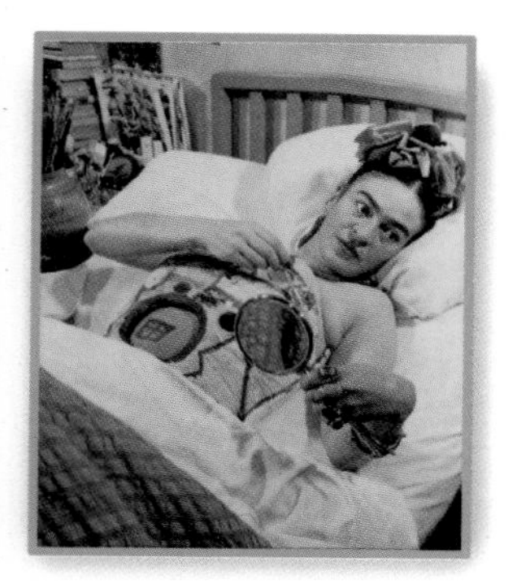

Frida en el Hospital, 1950

Poco después de la operación, los dolores reaparecieron. Durante ocho meses llevé una faja de acero que no me sirvió de mucho. Los medicamentos se amontonaban en mi mesita de noche mientras el dolor me hacía desesperar.

En 1950, ingresé en el hospital de Ciudad de México. Después de nueve meses, salí con siete operaciones más en la espalda, metida en una gran faja de yeso y en silla de ruedas. En ningún momento paré de pintar, ni siquiera en el hospital. Era el mejor remedio: me llenaba de ganas de vivir.

Por culpa de la gran cantidad de calmantes que tomaba, mi pincelada ya no era tan precisa, y me dediqué a pintar las frutas del huerto de casa y las que mi hermana traía del mercado.

En 1953, y como reconocimiento artístico, se organizó la primera exposición individual de mi obra en México. ¡Fue un éxito! Aquel día me sentí muy feliz: ¡por fin obtenía el reconocimiento de mi país!

AHORA OBSERVA Y BUSCA:

¿Qué colores he utilizado para pintar este cuadro? Básicamente, el verde y el rojo, dos colores complementarios que dan equilibrio y vitalidad a la composición.

¿Cuántas sandías están sin empezar? ¿Has cortado alguna vez una sandía en forma dentellada como la del cuadro?

¿Cuántas semillas puedes contar en la sandía cortada por la mitad?

Fíjate en la inscripción: "Viva la Vida, Frida Kahlo, Coyoacán 1954". A pesar del dolor físico que sufría, tenía muchas ganas de vivir, y este cuadro es un grito a la vida.

CURIOSIDADES: El día de la inauguración de su exposición en Ciudad de México, los médicos le prohibieron a Frida levantarse debido a su mal estado de salud. Pero ella no quería perderse por nada del mundo aquel acontecimiento, e hizo que la llevasen con la cama hasta la galería. Pintada, enjoyada y peinada con grandes lazos, su llegada dejó atónitos a todos los asistentes. Aquel día quedó exhausta, pero fue uno de los más felices de su vida.

ACTIVIDADES PEDAGÓGICAS

A continuación os proponemos una serie de actividades de expresión plástica, con el objetivo de trabajar la obra de Frida Kahlo de una manera original y creativa.
Cada actividad está vinculada con un cuadro, siguiendo el orden de aparición.

1. Autorretrato con espejo

Material: un espejo, papel, lápices y colores diversos.
Tal como hacía Frida, intenta dibujar tu imagen reflejada en un espejo. Fíjate que si pintas con la mano derecha, en tu dibujo parecerá que lo haces con la izquierda. Después, pinta un paisaje de fondo que te recuerde el sitio en el que vives.

2. Mi aliado

Material: retales de ropa, cuerda, hilo de coser, cartón, pegamento, espuma, y rotuladores.
Crea un personaje, una muñeca o un muñeco, con los retales y los trapos que encuentres en casa. Puedes pedir ayuda a tus padres y/o profesores para crear los volúmenes de la cabeza y las extremidades con la espuma o con ropa enrollada. Puedes fabricar más complementos con cartón, colores y cola para pegar. Una vez terminado, píntale la cara y ponle un nombre. Así tendrás un amigo más. Recuerda que Frida tuvo una amiga imaginaria a quien confiaba todos sus secretos.

3. Un camión de cuatro céntimos

Material: caja de cerillas, cuatro monedas, pegamento y pintura.
Toma una caja de cerillas y ábrela para separar las dos piezas. Recorta la tapa para obtener dos piezas de medidas diferentes. A continuación pégalas para construir la cabina del camión y acto seguido pega la otra pieza, sin las cerillas, como si fuera la parte del remolque. Solamente queda pegar las monedas a modo de ruedas. Podemos decorarlo con las mismas cerillas o con otros elementos.

4. El collar de Frida

Material: arcilla, hilo, punzón o aguja y temperas.
¿Te gustaría hacerte un collar como el que lleva Frida en el cuadro? Primero modela las piezas con arcilla, y después, antes de que se sequen, haz un agujero con una aguja o un punzón. Cuando estén secas, píntalas y, por último, enhébralas. ¿Se parece?

5. Mi diario

Material: cuaderno con hojas blancas y de colores.
Pinta la tapa del cuaderno con los colores y las formas que quieras. Pon tu nombre, la ciudad y la fecha. A partir de ahora puedes escribir y dibujar todo lo que te pase diariamente. ¿Te imaginas un diario hecho sólo con dibujos?

6. Entre dibujo y colage

Materiales: cartulina blanca, recortes de revistas viejas y rotuladores.
Dibuja con un lápiz tu perfil entero encima de una cartulina grande. Después, repásalo y píntalo. Ahora recorta, de diferentes revistas, elementos que te gusten o que formen parte del mundo que te rodea. A continuación, pégalos de manera que llenen el fondo de la cartulina, como un colage. Puedes añadir tu propia bandera inventada.

7. El árbol genealógico. Materiales: alambre maleable, alicates, fotos de los miembros de la familia, cartón y pegamento.
Numera las personas que forman tu familia: padres, abuelos y hermanos. A continuación, coge el mismo número de trozos de alambre que de familiares (no te olvides de ti mismo/a) y enróllalos todos juntos con los alicates para hacer el tronco principal. Los trozos de alambre pueden ser de unos 45 o 60 cm. Deja la parte inferior sin enrollar para hacer una base que separe los alambres. Y por la parte superior puedes ir separándolos en forma de ramas, como más te guste. Ahora sólo te falta colgar las fotografías que previamente habrás recortado y pegado encima de un cartón.

8. Colección o exposición de retratos

Se trata de buscar objetos que nos rodean en los que salgan caras. Por ejemplo: monedas, billetes, sellos, pósteres. ¡Si lo hacéis en la escuela, entre todos los alumnos podéis encontrar muchísimas cosas!

9. Dibuja tu cuerpo. Materiales: Papel de envolver, colores de cera o rotuladores y tijeras.
Acuéstate encima de un papel de embalar separando los brazos y las piernas del cuerpo. Otra persona repasará tu silueta con el rotulador o las ceras. Finalmente, pondrás todos los detalles y complementos: ropa, collares, pendientes, relojes, pelo, manos y pies. La cara la dibujarás con una gran sonrisa y, por fin, puedes pintar toda la figura, recortarla y pegarla en tu habitación.

10. Mi fruta favorita. Materiales: lápices, cartulina blanca, temperas o lápices de colores y frutas.
¿Sabrías pintar un cuadro de frutas, tal como lo hacía Frida Kahlo? Pues busca algunas de tus favoritas y colócalas sobre una mesa. Si es posible, corta alguna por la mitad.

VIDA Y OBRA DE FRIDA KAHLO

La vida y la obra de Frida son inseparables. Vivió un período difícil de la historia de México, el de la Revolución. En aquel momento, tres culturas luchaban por sobrevivir: la europea, la india y la española. Los cuadros de Frida son una representación de este cruce cultural y un viaje a través del pasado azteca del país.

Pero, sobre todo, la vida de Frida estuvo marcada por el dolor: la polio a los seis años y un fatal accidente a los dieciocho que le provocarían constantes e intensos dolores de espalda, treinta y cinco operaciones, la amputación de una pierna un año antes de morir, la imposibilidad de tener hijos... A todo esto hay que añadir las continuas infidelidades de su marido. Frida pintaba su dolor y utilizaba la pintura para canalizar su sufrimiento. Pero gracias a su fuerza de voluntad y a su carácter alegre y optimista sobrevivió a todo aquel dolor con una gran dignidad, luchando contra la adversidad con una sola arma: su amor por la vida.

Activa, sensible, honesta, inteligente y comunista convencida, Frida Kahlo fue una de las pocas personas liberales de su época que, con una profesión y una vida independiente, decía lo que pensaba y actuaba como quería. Se convirtió en un símbolo del feminismo.

Frida en su estudio de Coyoacán

ETAPAS Y ESTILOS

En cuanto a la evolución artística de Frida, podemos decir que no se distinguen grandes etapas pictóricas a lo largo de su vida. A pesar de que sus inicios obedecen más a un estilo academicista influido por el arte europeo, enseguida se orientó hacia el mexicanismo y creó su propio estilo, en el que mezclaba elementos reales y fantásticos para plasmar sus sentimientos.
Su obra se caracteriza por los autorretratos, de los cuales queremos distinguir dos tipos:

Autorretratos de cuerpo entero: se caracterizan porque representan parte de su autobiografía, como su estado de salud, la relación con Diego, sus tendencias políticas, su denuncia contra la discriminación de la mujer, su visión del mundo...

Autorretratos de busto: básicamente se encuentran elementos con una gran simbología. Estos elementos hacen referencia a la cultura, las tradiciones y las creencias mexicanas: representaciones de mártires y santos, animales típicos del país, flores y cactos...

GLOSARIO

CLASICISMO
Conjunto de manifestaciones artísticas inspiradas en los modelos de arte griego y romano.

ESTILO ACADÉMICO
Manera de pintar que sigue las pautas de la pintura tradicional.

MEXICANISMO
Desde la conquista española, en toda América se había reprimido la cultura india. A partir del siglo XIX, en México, se promovió el arte europeo y, a partir de la Revolución de 1910, muchos artistas impulsaron el arte popular para recuperar la cultura y las tradiciones mexicanas. Esta búsqueda de la identidad nacional basada en los valores mexicanos recibe el nombre de mexicanismo, y tuvo como principales artistas defensores a Diego Rivera y Frida Kalho.

SURREALISMO
Movimiento artístico surgido en 1924 con el *Manifiesto Surrealista* del poeta francés André Breton.
El surrealismo intenta recrear el mundo de los sueños y del subconsciente. El resultado es un mundo absurdo que escapa del dominio de la razón. Este movimiento revolucionario quería renovar los valores culturales, morales y científicos.
Otros artistas surrealistas: Salvador Dalí, Max Ernst, Giorgio De Chirico, René Magritte e Yves Tanguy.

"TODAVÍA ESTOY EN LA SILLA DE RUEDAS Y NO SÉ SI PRONTO VOLVERÉ A ANDAR [...]. NO TENGO DOLORES. SOLAMENTE UN CANSANCIO [...] Y COMO ES NATURAL MUCHAS VECES DESESPERACIÓN. UNA DESESPERACIÓN QUE NINGUNA PALABRA PUEDE DESCRIBIR. SIN EMBARGO TENGO GANAS DE VIVIR."

Diario de Frida Kahlo, 1952

Frida Kahlo, 1938/39

El 13 de julio de 1954, a la edad de cuarenta y siete años, Frida Kahlo murió en la Casa Azul de Coyoacán debido a una infección pulmonar. Según sus propios deseos, al día siguiente fue incinerada. Las cenizas se conservan en la Casa Azul, dentro de una vasija precolombina. Un año después de su muerte, Diego Rivera donó este edificio al pueblo mexicano, en el que, en 1958, se inauguró el Museo Frida Kahlo. A partir de entonces se han sucedido los homenajes y las exposiciones. En la década de 1990 se produce la Fridamanía, y su imagen y sus obras comienzan a aparecer en todo tipo de productos: llaveros, gafas, relojes, joyas, muebles, etc. Hasta la Oficina de Correos de Estados Unidos, en el año 2001, imprimió su imagen en un sello.

Numerosos artículos, documentales, exposiciones, conferencias, obras de teatro, películas, y la publicación reciente de su diario íntimo, son ejemplos del reconocimiento mundial a Frida Kahlo, una artista que nos cautiva por la expresividad de su obra y la fuerza de su personalidad. Su arte representa su vida, y su vida representa la conquista de la adversidad.